HANS PEHL

Als die Frankfurter noch hinter der Mauer lebten

HANS PEHL

ALS DIE FRANKFURTER NOCH HINTER DER MAUER LEBTEN

Die mittelalterliche Befestigung der Freien Reichsstadt

JOSEF KNECHT · FRANKFURT AM MAIN

Foto auf dem Umschlag:
Die Leonhardskirche mit dem Turm der Frankfurter Befestigung, der zum Streitobjekt zwischen geistlicher und weltlicher Obrigkeit wurde.
Ausschnitt aus dem Stadtplan von Merian (1628)

Fotos im Text nach Originalen in der Graphischen Sammlung des Historischen Museums Frankfurt am Main.

Foto der Schlacht von Cronberg: Ausschnitt aus einem Gemälde im Historischen Museum Frankfurt am Main.

ISBN 3-7820-0385-3

1. Auflage 1977.
Gesamtherstellung: Wiesbadener Graphische Betriebe GmbH, Wiesbaden

INHALT

VORWORT

Der Verfasser bekennt, daß er grundsätzlicher Gegner des Krieges ist. Trotzdem ein Buch über »Frankfurts mittelalterliche Stadtbefestigung«, von deren wehrhaften Mauern die gut geschützten Verteidiger Tod und Verderben unter die Angreifer schickten? Nicht deshalb, weil die Stadtbefestigung manch ehrsamem Bürger und Landsknecht, von Frauen und Kindern ganz abgesehen, das Leben gerettet haben mag. Sondern weil sie mit der Geschichte unserer Stadt unlösbar verbunden war, weil sie in Jahrhunderten voller Kriege, Fehden, Überfälle neidischer, mißgünstiger, räuberischer Nachbarn nicht zu entbehren und weil sie ein imponierendes Werk der Selbstverteidigung war. Nicht zuletzt, weil manche Türme und Tore auch als Kunstwerke Bedeutung hatten, von denen leider allzu viele bei der Niederlegung der Befestigung zu Beginn des 19. Jahrhunderts abgerissen wurden, und weil die noch erhaltenen Teile in unseren Tagen, geschmackvoll restauriert und ihrer kriegerischen Bestimmung längst entfremdet, heute eine Zierde unserer Stadt und viel besuchte Anziehungspunkte für fremde Besucher bilden. Der Abriß der die Stadt einschnürenden Mauern hat seinerzeit die Frankfurter Bürger wie von einem Albdruck befreit, Frau Aja, Goethes Mutter, berichtete ihrem Sohn darüber nach Weimar, nicht ohne ein paar boshafte Bemerkungen über die »Frankfurter Perücken«, den Rat der Stadt der letzten reichsstädtischen Jahre, hinzuzufügen.

Von Juni 1975 bis November 1976 schrieb der Verfasser eine Reihe von Aufsätzen für die »Frankfurter Allgemeine Zeitung« (»Zeitung für Frankfurt«) unter dem Titel »Als Frankfurt noch hinter der Mauer lebte, Frankfurts mittelalterliche Stadtbefestigung«. Für dieses Buch wurden sie ergänzt und teilweise umgearbeitet. Auch für diese Arbeit gilt sinngemäß, was schon für das erste Buch des Verfassers »Von der Pfalzkapelle zum Kaiserdom. Frankfurts mittelalterliche Kirchen« gesagt wurde. Auch für dieses Thema haben kundige, bewährte, bienenfleißige Gelehrte eine Fülle von Material, meist aus Archiven und Chroniken, zusammengetragen, zum Teil schon im 19. Jahrhundert. Ihre Veröffentlichungen sind aber, obwohl allgemein zugänglich, über einen kleinen Kreis von Fachgelehrten niemals hinausgelangt. Die nicht direkt wissenschaftlich interessierte Öffentlichkeit weiß aber kaum etwas über »Frankfurts mittelalterliche Stadtbefestigung«, vom »Eschenheimer Turm«, einigen Warten der Landwehr vielleicht abgesehen. Sollte hier nicht ein Frankfurter Journalist die Aufgabe sehen, unter dankbarer Benutzung dieser (z.T. heute schwer zugänglichen) Arbeiten die große Zahl all derer, die sich für Frankfurts Geschichte interessieren, über das ihnen weithin unbekannte, aber hoch interessante Thema zu informieren? Und warum nicht in aufgelockerter Form, die auch Lesern zusagt, die sich vielleicht an streng wissenschaftliche Lektüre nicht ohne weiteres herantrauen, wobei journalistische Arbeit selbstverständlich zu der gleichen Sorgfalt verpflichtet wie sie für jeden Wissenschaftler geboten ist.

Zum Schluß darf ich für vielfältige Hinweise, Hilfen und Bemühungen freundlichen Dank sagen, insbesondere dem Frankfurter Stadtarchiv und dem Frankfurter Historischen Museum mit seiner Graphischen Sammlung.

Hans Pehl

Unter Brandschutt kommt
die »Staufenmauer« zum Vorschein

FRANKFURTS ÄLTESTE BEFESTIGUNG

Das Leben der Menschen in der mittelalterlichen Stadt war hart. Sie hausten in drangvoller Enge, eingepfercht zwischen hohen Mauern, jedes Fleckchen Erde wurde ausgenutzt, man baute Häuser an die Mauern gelehnt, sogar auf die Mauern. Durch die Stadt führten schmale, winklige, lichtlose Gassen und Gäßchen, von uns heute, die wir nicht mehr in ihnen zu leben brauchen, gerne als romantisch empfunden, ungepflastert, morastig an Regentagen, von üblen Gerüchen erfüllt. Doch warum diese Enge? Jede Stadt war von Feinden umgeben, von benachbarten Territorialfürsten, von Rittern, Grafen und Herren. Das städtische Gemeinwesen mußte ständig damit rechnen, in eine Fehde oder einen verlustreichen Krieg verwickelt zu werden, oder es mußte eines plötzlichen Überfalls gewärtig sein. Hiergegen half neben einer zur Verteidigung entschlossenen Bürgerschaft nur ein System wehrhafter Befestigungsanlagen. Das bedingte zwangsläufig, daß man sich wie in einer Festung auf kleinstem Raum einrichten mußte.

Auch in Frankfurt. Da saßen in seiner Umgebung auf ihren – übrigens genauso unwirtlichen – Burgen die Ritter, die Herren von Cronberg, von Epstein, von Falkenstein beispielsweise, übten sich, wie man so schön sagt, »im Waffenhandwerk«, gingen auf die Jagd und verschmähten ehrliche Arbeit als unehrenhaft und unstandesgemäß. Nicht als unehrenhaft betrachtete es aber ein Teil von ihnen, allerdings erst im späten Mittelalter, als die Blütezeit des Rittertums schon vorbei war, die städtischen »Pfeffersäcke« zu überfallen, sie zu berauben und gefangenzunehmen, um Lösegeld zu erpressen. Die reichen Frankfurter Kaufleute waren dabei besonders gefährdet. Zudem war Frankfurt von mächtigen Nachbarn, etwa von Mainz, ständig bedroht (wenn es auch hier nicht zu tatsächlichen Zusammenstößen kam), außerdem lag die Stadt an dem Schnittpunkt dreier wichtiger Reichsstraßen.

Zur ersten Befestigung Frankfurts kam es, sehen wir von den Mauern des römischen Kastells ab, in der Karolingerzeit. Sie bestand aus einer Mauer ohne Türme und einem Graben und verlief von der alten Mainbrücke zur Nordseite des Domes an der damals noch oberirdisch fließenden Braubach vorbei bis zum Weißfrauenkloster, von dort in die Gegend des Schneidwalles, dann am Main entlang wieder bis zur Alten Brücke. Wurde die um die Siedlung ganz herumführende Mauer bei der ersten Stadterweiterung zum Teil aufgegeben, so

Ein Rest der Staufenmauer. Im 1. Bogen (von links) die zugemauerte ehemalige Bornheimer Pforte

hat sich die am Main errichtete Befestigung durch Jahrhunderte hindurch erhalten, sie wurde allerdings im Laufe der Zeit vielfach verändert. Verstärkt wurde sie noch durch Anlage eines Wassergrabens. Nur vier Hauptpforten führten in die Stadt, ein Zeichen dafür, wie klein die Ansiedlung noch war. Bis zu den Zerstörungen des letzten Krieges hatten sich an einigen Stellen Reste dieser ersten Befestigung erhalten. Als zu Anfang dieses Jahrhunderts die Braubachstraße durch einen recht gewaltsamen Altstadtdurchbruch geschaffen wurde, fanden sich mehrfach ansehnliche Reste, ebenso 1904 bei der Niederlegung des Gasthauses zum Rebstock, des Geburtshauses Friedrich Stoltzes, in der Schneidwallgasse solche von 1,75 Meter Stärke, am Domplatz, am Großen Hirschgraben und an der Bethmannstraße. Auch die Fundamente des heutigen Dompfarrhauses stehen auf einem Stumpf dieser Mauer, von der Teile 1827 in der Borngasse wieder ans Tageslicht getreten sind.

Um die Mitte des 12. Jahrhunderts wurde die Stadt zum ersten Mal wesentlich vergrößert. Neue Befestigungsanlagen mußten deshalb geschaffen werden. Die Ostmauer wurde bis zum Schnittpunkt Fahrgasse/Börnestraße verlängert, die Nordmauer nach Westen entlang dem Bau- und Holzgraben bis zur Katharinenkirche gezogen. Am Hirschgraben traf sie wieder auf die alte Mauer, die also in weiten Teilen bestehen blieb. Die neue Befestigung war zweieinhalb bis drei Meter dick, wurde

Auch an der Bleichstraße fand sich im Juni 1916 ein ansehnliches Stück der Staufenmauer. An dieser Stelle stand die Anatomie des alten Senckenbergischen Stiftes
Foto C. Abt (1916)

aus Bruchsteinen errichtet und war mit Bogen im Innern und einem Wehrgang ausgestattet. Im 16. Jahrhundert wurde ein großer Teil niedergelegt, erhalten geblieben ist ein großes Stück dieser um 1150 errichteten Wehranlage, die Staufenmauer. Daß in den engen Höfen zwischen Börnestraße und Fahrgasse sich ein großes Stück der Frankfurter Befestigung aus dem 12. Jahrhundert erhalten hatte, war bis zur Zerstörung Frankfurts im 2. Weltkrieg nur einigen wenigen Lokalhistorikern bekannt. Sie war von den benachbarten Häusern als Brandmauer benutzt worden und kam erst wieder zum Vorschein, als diese in Schutt und Asche sanken. 1711, bei einem großen Brand im Judenviertel, war sie zwar sehr in Mitleidenschaft gezogen worden, aber damals hatte die Stadtverwaltung die Juden gezwungen, die beschädigten Teile auf ihre Kosten abbrechen und erneuern zu lassen.

In dem gleichen Zeitraum entstand auch der Saalhof am Main als königlich staufische »Festung« in der Stadt. Er wurde von einer starken Ringmauer umgeben, deren Fundamente durch neuere Ausgrabungen wieder zum Vorschein gekommen sind. Die Westringmauer bildete zugleich die älteste städtische Mauer am Main, Burg und Stadtbefestigung sind wohl gleichzeitig und nach einheitlicher Planung geschaffen worden.

Drei Hauptpforten und sieben kleinere Durchlässe vermittelten den Kontakt der ummauerten

Stadt mit der Außenwelt. Die Bornheimer Pforte, am nördlichsten Punkt der Fahrgasse gelegen, noch im 15. Jahrhundert eine Doppelpforte, besaß einen viereckigen Turm mit hohem Schieferdach. Seine Räume dienten seit 1433 als Gefängnis, er wurde 1765, inzwischen stark baufällig geworden, zusammen mit dem Sachsenhäuser Brückenturm abgerissen. Die Katharinenpforte, auch Bockenheimer Pforte genannt, bestand aus einem äußeren Tor und einem viereckigen Turm. Auch er wurde jahrhundertelang als Gefängnis benutzt. 1790 mußte er, am Südende der heutigen Straße »An der Katharinenpforte« gelegen, einer Straßenerweiterung Platz machen. Die Außenpforte war schon in den vierziger Jahren des 18. Jahrhunderts der Spitzhacke zum Opfer gefallen. Die Gulden-Pforte am westlichen Ende der Weißadlergasse, über deren Aussehen wir nichts Sicheres wissen, verschwand schon 1589 oder 1590.

Knapp zwei Jahrhunderte lang mußte sich Frankfurt in diesen engen Grenzen einrichten. Da gab endlich im Jahre 1333 Kaiser Ludwig der Bayer, der Frankfurt zu großem Dank verpflichtet war, die Erlaubnis zu einer großzügigen Stadterweiterung. Ein neuer Befestigungsring wurde angelegt.

Bewährungsprobe gegen Moritz von Sachsen

DIE MAUER UM DIE ERWEITERTE STADT

Kaiser Ludwig der Bayer war ein ebenso kluger wie streitbarer Herr. Im Kampf um die Krone mit seinem Rivalen, dem Habsburger Friedrich dem Schönen von Österreich, erwies er sich als taktisch sehr geschickter Fechter, der im richtigen Augenblick genau den richtigen Zug zu tun verstand. Nicht zuletzt auch in seiner tragischen Auseinandersetzung mit dem Papste – dieser verlangte bei der Wahl eines deutschen Kaisers ein Mitspracherecht – in der von beiden Seiten mit allen, auch den härtesten und schärfsten Mitteln gefochten wurde. Frankfurt stand in diesem Ringen um Leben und Tod bedingungslos auf Ludwigs Seite. Nicht nur, als der Papst den Bannstrahl gegen ihn schleuderte (1323), sondern auch, als über die Stadt wegen ihrer kaisertreuen Haltung das Interdikt verhängt wurde, das zwanzig Jahre dauern sollte. (Durch das Interdikt wurden alle gottesdienstlichen Handlungen mit wenigen Ausnahmen verboten, keine Glocke durfte geläutet, kein Verstorbener in ge-

Das »Salmensteinsche Haus« wurde um 1350 auf der Stadtmauer erbaut. Es lag in der Nähe des heutigen Börneplatzes. Rechts im Bild ein kleines Wächterhäuschen
Zeichnung nach Merian

weihter Erde beigesetzt werden.) Natürlich nahmen die Frankfurter diese schweren Opfer nicht aus purem Idealismus auf sich, der Kaiser mußte teuer dafür bezahlen: durch Privilegien von großer Tragweite, die Frankfurts berechnende Kaufleute, die im Stadtregiment maßgebenden Einfluß hatten, ihm abtrotzten. Eines der wichtigsten war die kaiserliche Erlaubnis, die Stadt wesentlich zu erweitern und diese Erweiterung mit einer neuen Befestigung zu umgeben. Durch Privileg vom 17. Juli 1333 gab der Kaiser seine Zustimmung.

Schon um 1300 litt die Stadt an Platznot, der sie umschließende Mauerring war zu eng geworden, manche Bürger hatten sich schon außerhalb der Stadtmauer angesiedelt, in den »Gärten«, wo die reichen Frankfurter ihre Wirtschaftshöfe besaßen. Sie hatten damit das Risiko auf sich genommen, daß ihr kleines, bescheidenes Anwesen bei der nächsten Fehde niedergebrannt wurde. Die neuen umfangreichen Befestigungen liefen entlang den heutigen »Wall«-Straßen (Neue Mainzer Straße, Hochstraße, Bleichstraße, Seilerstraße, Lange Straße). Das neu gewonnene, für eine mittelalterliche Stadt recht umfangreiche Gelände, die »Neustadt«, wurde jedoch nicht sofort besiedelt. Hauptsächlich Gärtner und Weinbauern ließen sich dort nieder, das Gebiet blieb »ländlicher« Vorort.

Auch die neuen wehrhaften Anlagen wurden erst in längeren Zeiträumen ausgebaut. Wahrscheinlich wurde 1343 im Westen am Weißfrauenkloster und an der Bockenheimer Pforte, im Osten an der Allerheiligenpforte mit dem Bau begonnen. Wieder wurde das Fischerfeld, ein Sumpfgebiet, ausgespart. Die Mauern wurden in einer Höhe von sechs bis acht Metern und in einer Stärke von ein bis eineinhalb Metern angelegt. Streckenweise führte ein hölzerner, überdachter Wehrgang darüber, er lag hinter einer starken, zwei Meter hohen Brüstung, die mit Zinnen und Schießscharten versehen war. Kleine, auf die Mauer aufgesetzte Häuschen dienten Wächtern und Verteidigern als Unterkunft, auch ganze Häuser wurden auf der Mauer errichtet, wie das Salmensteinsche Haus (um 1350 erbaut), das in der Nähe des heutigen Börneplatzes gelegen war. Am Main durften nach einiger Zeit die hinter den Mauern liegenden Zwinger bebaut werden. Dennoch gab es immer noch Raumnot, und man nutzte jedes Fleckchen Erde. Steile Wendeltreppen aus Holz oder Stein, Schnecken genannt, führten zu den Mauern hinauf. Außen lag ein drei bis vier Meter breiter Zwinger, davor ein mit Wasser gefüllter Graben von acht bis zehn Meter Breite, der vom Main und kleineren Bächen, wie dem Leerbach und dem Elkenbach, gespeist wurde. Auf der Innenseite der Mauer lief eine vier Meter breite Straße, dem Aufmarsch und der Verbindung der Verteidiger untereinander dienend.

Die Mauer, die die »Altstadt« von der »Neustadt« trennte, blieb lange Zeit bestehen. Frankfurts Wälle, Mauern und Türme bestanden ihre Bewährungsprobe, als 1552 Moritz von Sachsen die Stadt belagerte. Aus diesen schweren Tagen ist der Belagerungsplan erhalten, der in allen Einzelheiten die Befestigungen der Stadt abbildet: Zahlreiche hohe, wehrhafte Türme, an wichtigen Ausfallstraßen stark befestigte Tore, Pforten und Pförtchen, die den Weg zur Außenwelt freigaben, im ganzen ein imponierendes Bild einer Freien Reichsstadt, die entschlossen war, das Leben und die Rechte ihrer Bürger zu schützen.

Goethes Angst am Brückentor

DER WEHRHAFTE BRÜCKENTURM

Die wehrhafte »Festung Frankfurt« war, wenigstens im Mittelalter und im 16. Jahrhundert, für keinen ihrer zahlreichen Feinde zu erobern. Raubritter, die den »Pfeffersäcken« der Stadt ihren Reichtum neideten, überfielen, oft genug erfolgreich, lieber einzelne reisende Kaufleute, plünderten sie aus und erpreßten Lösegeld. Aber auch ein kriegsstarkes, gut ausgerüstetes Heer konnte der Stadt nichts Ernsthaftes anhaben, wie die Belagerung durch den Kurfürsten Moritz von Sachsen und seine Verbündeten 1552 bewiesen hatte. Sie auszuhungern wäre ebenso unmöglich gewesen, hiergegen konnte sich ein mittelalterliches Gemeinwesen durch Anlage von Vorräten ausreichend schützen. Man lebte also schon recht sicher hinter Frankfurts Mauern.

Und doch hatte die so geschützte Stadt ihre schwachen Punkte: die Mainbrücke, von der aus der Feind direkt ins Herz der Stadt vordringen konnte, die Pforten an den großen Ausfallstraßen, die leichter überwunden werden konnten als die starken Mauern. Brücke und Pforten wurden deshalb durch starke Türme, bewehrte Doppeltore und andere Befestigungen besonders geschützt.

Innerhalb dieses von hervorragenden Fachleuten im Laufe von Jahrhunderten angelegten Befestigungssystems nahm der Brückenturm einen wichtigen Platz ein. Wann die erste Befestigung am Ende der Fahrgasse zum Main hin errichtet wurde, ist nicht bekannt. 1306 wurden jedenfalls durch Hochwasser zwei Brückentürme, je einer auf der Frankfurter und der Sachsenhäuser Seite, zerstört. Sie wurden rasch wieder aufgebaut. Doch bei der großen Überschwemmung des Jahres 1342, die der Bevölkerung großen Schrecken eingejagt haben muß und von der wir zahlreiche Nachrichten besitzen, stürzte der Sachsenhäuser Turm wieder ein, während der deftiger und solider gebaute Frankfurter Turm den reißenden Fluten standhielt. Nachdem der zerstörte Turm (1345 bis 1348, 1380 vollendet, 1765 abgebrochen) wieder errichtet worden war, hieß der Frankfurter Turm, eine trutzig aufragende Befestigungsanlage mit steil abfallendem schiefergedecktem Walmdach und spitzbogiger Durchfahrt, der »alte Brückenturm«. Im Inneren besaß er mehrere Wohnräume, die später auch als Gefängnis dienten. Bemerkenswert war sein bildnerischer Schmuck, über den wir durch ein großes farbiges Blatt aus dem Jahre 1610, dessen Entwurf dem Frankfurter Maler Philipp Uffenbach (1566 bis 1636) zugeschrieben wird, gut orientiert

Frankfurts wehrhafter Brückenturm mit der Fischerpforte.
Beide wurden 1801 als »Verkehrshindernis« abgerissen
Tuschzeichnung von Mylius (1894 nach einer älteren Vorlage)

sind. Am oberen Teil der dem Main zugewandten Seite war außer Renaissance-Verzierungen, die auch die Seiten und die Fenster des Turmes einrahmten, der schwarze Doppeladler zu sehen, darunter eine Sonnenuhr, die außer den Stunden auch den Lauf der Planeten und die Ab- und Zunahme des Mondes anzeigte, 1510 erneuert, wie eine Jahreszahl erkennen ließ.

Die Bemalungen haben wohl mit der Zeit gewechselt. Aus dem Jahre 1392 hören wir von einer Kreuzigungsgruppe, ferner von einer Abbildung, die auf die Brückenfreiheit hinwies mit dem alten Spruch: »Wer dieser Brücken Freiheit bricht, dem wird sein Frevelhand gericht«, also die Hand abgeschlagen. Auch ein Bild übelster Judenhetze befand sich dort: die Abbildung eines von vielen Messerstichen übersäten Kinderkörpers, das »Knäblein Simeon«, das »anno 1475 am Grünen Donnerstag« von den Juden angeblich umgebracht worden ist. Die Frankfurter Juden haben sich mehrfach um die Beseitigung dieses Schandbildes bemüht, haben sogar Geld dafür geboten – vergeblich, der Rat der Stadt blieb unerbittlich.

Unheimlich war dem jungen Goethe immer der Gang durch das Brückentor. Denn Frankfurts hohe Obrigkeit hatte hier »den Ruhestörern zur Warnung« die Köpfe Vinzenz Fettmilchs und seiner Gefährten, die 1616 als Aufrührer hingerichtet worden waren, auf eisernen Spießen öffentlich ausgestellt. Kein Wunder, daß der junge Patriziersohn,

Der Metzgerturm und das Metzgertor, auch Metzelpforte genannt, von innen.
Er wurde 1456 errichtet und 1829 abgebrochen
Bleistiftzeichnung nach C. J. Berndt

wie er selbst erzählte, sich immer scheu an diesem unheimlichen Platz vorbeidrückte.

1801 wurde dieses imponierende Symbol reichsstädtischer Freiheit als »Verkehrshindernis« abgebrochen. Frankfurt trennte sich von ihm nur trauernd. Davon zeugt eine damals anscheinend weit verbreitete Flugschrift, ein »Trauergesang – Grabschrift, Grabrede und Biographie des Brückenthurns, von sämtlichen Stadt-Thürnen gestiftet, nebst beigefügter Leichen-Rechnung ...«, in der in holperigen Knittelversen die anderen Türme in Frankfurt »wehmütigen« Abschied von ihm nahmen, und eine »Grabrede«, gehalten vom »Mainzer Thurn«, in der mit etwas trockenem Humor seine Geschichte erzählt wird, dazu ein Kupferstich des Turmes: sein Abbruch durch ein Pferdegespann und die »trauernden« Türme mit großen Trauerfloren.

Dicht neben dem Brückenturm befanden sich der Fischerturm und die Fischerpforte. Der Turm wurde schon im 16. Jahrhundert abgerissen. Das Tor enthielt von ihm nur noch den Unterbau, der in späterer Zeit, wohl um 1449, als die Wehranlagen auf der Mainseite neu gestaltet wurden, mit einem Zinnenkranz versehen wurde. Zwischen dem Brückenturm und dem Fischertor befand sich ein kleines bedachtes Bollwerk, dessen Entstehungszeit strittig ist, das aber noch im 19. Jahrhundert dem Hause Fahrgasse 1 als Wirtschaftsgarten diente.

Ganz in der Nähe, am Ausgang der damaligen Kleinen Fischergasse, lagen die Juden- oder Löher-(Lohgerber-)pforte, die anscheinend bereits im späten Mittelalter nicht mehr benutzt wurde, und das Metzgertor oder die Metzelpforte, von dem wir eine »romantische« Zeichnung von Reiffenstein besitzen. Der Turm, der 1456 als stattlicher viereckiger Bau errichtet und 1457 mit einem Schieferdach versehen wurde, verfiel 1829 dem Abbruch. Das Heiliggeistpförtchen, der Ausgang zu dem damaligen Heiliggeisthospital, wurde 1454 niedergelegt, an seiner Stelle wurde ein neuer viereckiger Torturm mit einem Erker, doch nicht so hoch wie der Metzgerturm, erbaut. Er wurde 1797 zum Abbruch verkauft.

Böse Geister und Schmuggler hatten es schwer

DAS FAHRTOR UND DER RENTENTURM

Frankfurts Fahrtor war viele Jahrhunderte lang der »Hafen« der reichen und mächtig emporstrebenden Handelsstadt: Tag für Tag legten hier Schiffe an, randvoll beladen mit Gütern aller Art, mit Korn beispielsweise, mit Wein in deftigen, mit schweren eisernen Reifen beschlagenen Fässern, mit Steinen für die zahlreichen weltlichen und kirchlichen Bauten, jedes Schiff seit dem späten Mittelalter »angeblasen« und willkommen geheißen vom Türmer der Alten Nikolaikirche. Umgeladen wurden die Güter in einen der häßlichen Schuppen, die zum Teil noch bis ins 20. Jahrhundert hinein die Mainfront verunzierten. Daß Schmuggler nicht auf ihre Kosten kamen, dafür hatte Frankfurts Obrigkeit bestens vorgesorgt. Noch im 19. Jahrhundert durften die Häuser am Fahrtor keine Türen haben, und die Fenster im Erdgeschoß mußten vergittert sein, damit Schmuggler nachts keine Waren beiseite schaffen konnten. Auch Fremde, meist reisende

Der mittlere Teil des 1840 abgerissenen Fahrtors. Der Erker in der Mitte mit den beiden »Fratzen« ist erhalten geblieben
Nach einer Zeichnung von Ballenberger (1839)

Kaufleute, kamen mit den Marktschiffen, durch das Fahrtor oder das (kleinere und weniger bedeutsame) Leonhardstor betraten sie die Stadt.

Selbstverständlich waren Frankfurts Hafen und die Zugänge, die von hier aus direkt ins Herz der Stadt führten, im Falle kriegerischer Verwicklungen besonders gefährdet. Ihrem Schutze dienten das bewehrte, mächtige, für einen Gegner kaum einzunehmende Fahrtor und der Rententurm. Eine Notiz aus dem Jahre 1388 meldet uns, daß am Fahrtor gebaut wurde, es muß also schon vorher bestanden haben. Mitte des 15. Jahrhunderts beauftragte der Rat der Stadt den auch aus seinen Arbeiten an der Nikolaikirche bekannten Baumeister Eberhard Friedberger mit dem Neubau des Tores, 1455 legte er seine Zeichnung vor, die Arbeiten, auch an dem benachbarten Rententurm, dürften wohl bald darauf begonnen haben. In erstaunlich kurzer Zeit, bereits 1456, war der Turm vollendet, das Tor, wesentlich aufwendiger, wurde erst 1459/60 fertiggestellt. Es erhielt zwei repräsentative Geschosse mit einem hohen Satteldach und drei Erkern nach der Mainseite hin, über dem Einfahrtstor, einem gotischen Bogen, befand sich außerdem im ersten Obergeschoß ein dreiseitiger, auch künstlerisch eindrucksvoller Steinerker, geziert mit dem Frankfurter Wappen. »Geziert« aber auch unter dem Erker mit zwei abstoßenden Fratzengesichtern. Dem einen wachsen aus dem Munde zwei mächtige Eberzähne, das andere streckt gar seine Zunge weit heraus, gewiß gerade keine sehr höfliche Begrüßung für die ankommenden Fremden! (Aber wahrscheinlich empfanden die Menschen des Mittelalters dies gar nicht als Unhöflichkeit. Weit verbreitet war damals noch der Glaube an böse Geister und deren Macht, und diese Fratzen sollten die Unholde abschrecken und am Betreten der Stadt hindern.) Die Räume des Tores dienten dem Rat zu Sitzungen, Gerichtsverhandlungen, zum Empfang von Gesandtschaften und zuletzt als Gefängnis.

1840, als das Mainufer erhöht wurde, beschloß die Stadtverwaltung den Abriß, nur der Erker blieb erhalten, er wurde an das Zoll- und Wachthaus zwischen der Pforte und dem Rententurm versetzt. Erhalten geblieben ist auch eine Zeichnung, wohl aus dem Jahre 1839, von dem Maler Ballenberger. In dem gleichen Jahr hat ein hoch angesehener Gelehrter, Professor Hessemer, im »Archiv für Frankfurts Geschichte und Kunst« die Niederlegung bedauert. Uns fällt heute in diesem Aufsatz – wie auch in anderen zeitgenössischen Äußerungen zum Abriß von Kunstwerken – immer wieder der melancholisch-ergebene Ton auf, in dem sie geschrieben sind (»Gegen die Beschlüsse der hohen Obrigkeit ist ja doch nichts zu machen«), und das zu einer Zeit, in der dieser Untertanengeist, wie dies die bald darauf ausbrechende Revolution von 1848 beweist, doch schon weitgehend erschüttert war.

Ein glücklicheres Schicksal war dem Rententurm beschieden, wenigstens viele Jahrhunderte hindurch. In kriegerischen Auseinandersetzungen hat er niemals eine Rolle gespielt, obwohl er ursprünglich als Turm der Stadtbefestigung gebaut war. Auch seine Glocke, die bei Annäherung feindlicher Schiffe Sturm läuten sollte, ist wahrscheinlich niemals in Funktion getreten. 1489 wurde er Sitz der Frankfurter Zollverwaltung am Main. Das »Rentenstübchen« im ersten Stock wurde der Amtssitz des Rentenmeisters, der die Zoll- und Hafengebühren eintrieb, den Doppelzoll für den Kaiser und die Stadt selbst, Pflaster- und Brückengeld, Kranen-, Waage- und Rentengebühren und noch manche anderen. Verwahrt wurde das eingenommene Geld in zwei Tresoren mit kunstvollen eisenbeschlagenen Türen. Im Grundriß fast quadratisch, wirkt der Turm eher schlank und zierlich denn als trutzige Befestigung.

Am 22. März 1944 wurde der Turm bei dem Luftangriff, der große Teile von Frankfurts historischer Altstadt vernichtete, schwer getroffen. Das Dach brannte ab, doch die deftigen mittelalterlichen Mauern hielten dem Feuersturm stand. Beim Wiederaufbau machte man im Jahre 1956 einen interessanten Fund. In einer Wandnische im ersten Obergeschoß, die mit einem Backstein wieder geschlossen und dann verputzt worden war, fand man einen Siegburger Trichterbecher mit der Jahreszahl 1592 und eine Messingdose mit Rentenmarken aus dem 17. Jahrhundert. (Heute im Historischen Museum ausgestellt.) In dem Becher und in der Büchse befanden sich mehrere Schriftstücke. Sie zeigten, daß die Nische in früheren Jahrhunderten schon mehrmals geöffnet worden war und daß man jedes Mal eine neue Urkunde hinzugefügt hatte. Ein vergilbter Zettel berichtet, daß der Trinkbecher im Jahre 1596 eingemauert wurde. Er nennt die Namen der »Kistenherren« (der Ratsherren, die damals die Zölle einnahmen), und der »Kistenschreiber« hat darunter notiert, was damals das Korn und ein Fuder Wein gekostet haben. Andere Notizen geben Nachricht über Einrichtungen, die in den Jahren 1678 und 1732 in der Rentenstube getroffen wurden. 1738 hatte man die kleine Nische schon einmal entdeckt, wie ein kleiner Papierstreifen mit dieser Notiz ausweist. Im 19. und 20. Jahrhundert war sie aber anscheinend vollständig in Vergessenheit geraten.

Heute ist der Rententurm, geschmackvoll restauriert, in den Gebäudekomplex des »Historischen Museums« einbezogen.

Kirchenstrafen wegen eines Befestigungswerkes?

GEISTLICHE UND WELTLICHE OBRIGKEIT STREITEN SICH UM EINEN TURM

In all den zahlreichen Streitigkeiten zwischen weltlicher und geistlicher Gewalt hat das Frankfurter St. Leonhardsstift, das seine Gründung einer Schenkung Kaiser Friedrichs II. von Hohenstaufen verdankt (1219), die Partei des Kaisers ergriffen. Auch das Verhältnis zum Rat der Stadt war freundlich. Dieser unterstand nur dem Kaiser, und er war wegen der vielen Privilegien daran interessiert, daß keine Institution innerhalb seiner Mauern eine antikaiserliche Haltung einnahm. Nur einmal, in den 80er Jahren des 14. Jahrhunderts, kam es zu einem spektakulären, weit über Frankfurt hinaus Aufsehen erregenden Streit zwischen der Stadtverwaltung und dem Stift. In diesen unruhigen kriegerischen Zeiten hatte die Stadt beschlossen, ihre Befestigungen an der Mainfront zu verstärken, unter anderem durch einen wehrhaften Turm, der an der Südwestecke der Leonhardskirche errichtet werden sollte. Dieser Plan aber löste bei den Stiftsherren, die sonst einer völlig friedfertigen löblichen Be-

Die Leonhardskirche und das Leonhardstor. Der Befestigungsturm ist bereits niedergelegt (1808)
Nach einer Zeichnung aus dem frühen 19. Jahrhundert

schäftigung als Erzieher, Kantoren oder Krankenbetreuer nachgingen, einen wahrhaft unheiligen Zorn aus. Ein Wehrturm vor die Kirche, zudem noch auf Grund und Boden, der wenigstens zum Teil Eigentum des Stiftes war! Mußte er nicht häßlich wirken direkt vor dem schlichten, aber edlen Äußeren der Kirche? Viel schlimmer noch, konnte die hohe weltliche Obrigkeit von dort aus nicht die ehrsamen Stiftsherren überwachen, ja bespitzeln lassen?

Dramatisch aber spitzte sich der Streit zu, als der Erzbischof von Mainz, einer der Mächtigsten im Reich, zu dessen Diözese Frankfurt gehörte, sich einmischte und Einspruch erhob. Der geistliche Herr soll sogar, allerdings nicht sicher verbürgten Nachrichten zufolge, über Frankfurt das Interdikt verhängt haben, eine der schärfsten und wirkungsvollsten Maßnahmen der geistlichen Macht, die hier also, wie dies im Mittelalter oft geschah, zur Durchsetzung in einer rein weltlichen Streitfrage mißbraucht wurde.

Doch über den Protest des Stiftes und den Einspruch des Erzbischofes setzte sich der Rat der Stadt einfach hinweg, dem mächtigen Mann in Mainz gegenüber kein geringes Risiko. Aber er nahm es hin. So entstand denn in den Jahren 1388–91 an der projektierten Stelle ein stattlicher, mit drei Büchsen armierter Turm, der mehr als vier Jahrhunderte hindurch die Befestigung an der Mainfront wesentlich verstärkte. Entscheidenden

Vorteil aber brachte er auch – dem Stift. Bei Überschwemmungen und Eisgang konnten die geistlichen Herren ihre Schätze (Kirchengefäße, kostbare Bücher z. B.) hinter seinen dicken Mauern bergen. Die Stadt selbst verwahrte in dem Turm jahrhundertelang (bis zum Fettmilch-Aufstand kurz vor dem Dreißigjährigen Krieg) ihre wichtigsten Urkunden, die schriftlichen Bestätigungen ihrer Privilegien. Als es im Jahre 1409 zu einem Interessenausgleich zwischen der Stadt und den Frankfurter Stiften kam, verstummte der Streit.

Wenn wir heute die Notizen über diesen Konflikt in die Hand nehmen, können wir uns eines kräftigen Kopfschüttelns nicht erwehren. Hatten mächtige Persönlichkeiten auf beiden Seiten, von denen doch das Wohl und Wehe von vielen Tausenden von Menschen abhing, wirklich nichts Wichtigeres zu tun? Wie eng muß doch ihr Horizont, wie kleinstädtisch die stolze und reiche Freie Reichsstadt gewesen sein, wenn sich solch ein »Sturm im Wasserglas« in ihren Mauern ereignen konnte.

Volksfeste mit Scharfrichtern

VOM GALGENTOR ZUM GALLUSTOR

Wir können auch ein kleines boshaftes Lächeln nicht ganz unterdrücken, wenn wir uns die Szene plastisch in allen Details ausmalen: Wenn ein Kaiser die Stadt betrat, empfing ihn eine Delegation von Frankfurts Ratsherren kniend im Staub und Dreck der damals natürlich noch ungepflasterten Straße, eine tiefe Demütigung für die hochmögenden, mächtigen, stolzen Herren des Patriziats in ihren hermelinbesetzten Prunkgewändern, vor denen jeder kleine Mann tief den Hut zog. Ort der Handlung, wenn der hohe Gast von Mainz oder Limburg kam: das Galgentor, die Ausfallspforte nach Westen, die auch im 14. Jahrhundert noch die »Mainzer Pforte« hieß, bis dieser Name auf das Tor des Mainzer Turmes überging, 1381 bis 1392 erbaut, 1808 niedergerissen. Doch dieser wehrhafte Turm mit Zinnenkranz und Wehrgang, mit Graben und Brücke, verziert mit den Statuen Karls des Großen und des Hl. Bartholomäus und einem Reichsadler, der einen Löwen schlug, hat nicht nur Szenen kaiserlicher Machtfülle und reichsstädtischer Devo-

Das wehrhafte Gallustor
Aquarellierte Bleistiftzeichnung von J. Reges (1828)
nach einer älteren Vorlage

tion, nicht nur fremde Heere vor seinen Mauern gesehen, sondern auch Szenen, die uns heute erschaudern lassen.

Denn vor diesem Tor stand Frankfurts Galgen, und viele Jahrhunderte ist manch armer Teufel auf seinem letzten Gang, an Händen und Füßen gefesselt, in einem holpernden Wagen über die kleine Brücke durch das Tor gefahren, umringt von einer gaffenden, johlenden Menge, für die ein solch makabres Schauspiel eine Sensation und eine Abwechslung in ihrem Leben war. So wurde, um nur einige Beispiele zu nennen, am 24. Februar 1570 der sechzehnjährige »fahrende Schüler« Thomas Rudolph, der in Sprendlingen zwei Kinder ermordet hatte, auf dem Schinderkarren durch das Tor geschleift, wohl schon tot von langer Haft und der Folter, an dem Ohnmächtigen oder Leblosen wurde das Urteil trotzdem vollstreckt. Einmal, ausgerechnet an einem Freitag, dem 13. des Jahres 1590, mußte ein Scharfrichter vor der aufgebrachten Volksmenge, die dem Vollzug eines Urteils sensationsgierig zusah, in den wehrhaften Turm fliehen. Offenbar war es ihm nicht gelungen, mit nur einem Schwertstreich dem Delinquenten den Kopf abzuschlagen. Der Pöbel wollte den Unglücklichen lynchen, ein Hagel von Steinen traf ihn. Schließlich wurde der Scharfrichter »bis in die Galgenwarte getrieben, dahin er entronnen und seine Sicherheit gesucht«. Eine Woche lang traute sich der schwer Verletzte nicht in die Stadt, dann ließ er sich »wegen vieler empfangener gefährlicher Würf und Wunden« auf einem Karren heimfahren. Grauenhaft zugerichtet wurde am 14. März 1637 auch Barthel Grünlich durch das Galgentor gefahren, nachdem man ihm die »meineidige Schwurhand« vor dem Römer abgeschlagen hatte. An der Richtstätte angekommen, wird er an das Kreuz des Galgens gehängt, das den wegen schweren Diebstahls Verurteilten vorbehalten war. Die abgeschlagene Hand wird über dem Toten angenagelt. Einmal (1817) hat man sogar einen Toten durch das Tor zum Galgen gefahren und ihn dort aufs Rad geflochten und ihn enthauptet, einen Schreinermeister, der in einem Anfall von Wahnsinn seine Familie umgebracht hatte.

Ein Handwerker, der am Galgen arbeitete, etwa an einer Reparatur, wurde nach den strengen Bräuchen der Zünfte dadurch unehrlich. Da aber auch ein solches makabres Instrument einmal einer Ausbesserung bedurfte, fand der Rat der Stadt in seiner Weisheit hierfür eine wohl salomonische Lösung: eine Arbeit oder Reparatur mußte von allen Zunftgenossen vorgenommen werden. Als 1561 der Galgen von einem schweren Sturm umgeworfen wurde, zogen die Zünfte geschlossen mit Pfeifen und Trommeln durch das Galgentor zum Hochgericht und richteten den Galgen wieder auf. Als 1614 ein »Schnappgalgen« gebaut werden mußte, um einen armen Teufel mit dem Kopf nach unten aufzuhängen, zogen die Zimmerleute auch mit klingendem Spiel durch das Tor hinaus, danach marschierten sie in Reih und Glied in die Stadt zurück, schnurstracks in ein Wirtshaus, um auf Kosten des Rates einen kühlen Trunk zu tun. »Da aber solche Zech ohne eines ehrbaren Rats Verwilligung angestellt, ist ihnen nur die Hälft erstattet worden«, meldet eine alte Chronik. 1720 wurde wohl die letzte größere Reparatur vorgenommen. Damals zogen »die Handwerker, Meister, Gesellen und Lehrjungen in ... sauberer Kleidung, ihrem Seitengewehr, fliegenden Fahnen, klingendem Spiel mit Waldhörnern, Hautboisten, Pfeifen und Trommelschlag aus ihren Herbergen und Stuben« durch das Galgentor. Also beinahe ein Volksfest.

Doch wo lag der Frankfurter Galgen? Ganz genau können wir ihn nicht mehr lokalisieren. Vom Galgentor aus, das etwa in der Nähe unseres heutigen Schauspielhauses gelegen war und übrigens als der schönste Frankfurter Befestigungsturm galt, führten einige Feldwege westwärts. Das Hochgericht stand wohl auf dem Bahnhofsplatz, dort, wo früher das Schumanntheater gelegen war, nach anderen Vermutungen befand es sich am Ende der heutigen Taunusstraße zum Hauptbahnhof hin. (Die andere Frankfurter Richtstätte, den »Rabenstein«, können wir ganz genau feststellen. Er befand sich an der östlichen Ecke der Kreuzung Mainzer Landstraße/Zimmerweg.)

Sein Ende verdankt der Galgen buchstäblich einem Feuerwerk, einem festlichen Spektakel nämlich, das in Frankfurts Franzosenzeit der Feldmarschall Angereau zum Geburtstag Kaiser Napoleons geben wollte. Um eine Brandkatastrophe zu vermeiden, wurde hierfür das Galgenfeld ausersehen. Voraussetzung dazu war natürlich, daß der Galgen vorher beseitigt und das Gelände eingeebnet wurde. Am 8. August 1808 in aller Frühe zogen zum letzten Mal Zimmerleute und Maurer durch das Tor, bereits um 8 Uhr hatten sie ihre Arbeit vollendet.

Irgendwann einmal erschienen den Frankfurtern die Namen Galgentor, Galgengasse zu makaber, an den Galgen wollte niemand gern erinnert werden. So kam die Legende auf, der Hl. Gallus sei bei seinen Missionsreisen einmal durch diese Straße gepilgert. Damit besaß man den wohl schon lange gesuchten Vorwand zur Umbenennung. Man sprach und schrieb fortan nur noch Gallustor, Gallusgasse – bis heute.

»Es hat fünf Spitzen und sticht doch nicht«

DER ESCHENHEIMER TURM

Zu seinem fünfhundertfünfundsiebzigsten Geburtstag hat er ein neues, freundliches und repräsentatives Gewand erhalten, damit er nicht mehr so trist in der Gegend herumsteht, der Eschenheimer Turm, das Prunkstück der mittelalterlichen Frankfurter Stadtbefestigung, fast einziger Überlebender des inneren Mauerringes. In gelblich-ockerfarbenen Tönen gestrichen, das Dach schiefergrau, bildet er jetzt in dem brandenden Verkehr einen ruhenden Pol und erinnert an eine Zeit, in der alles noch viel gemütlicher und, wie wir heute meinen, friedlicher zuging.

Friedlich ging es allerdings im Heiligen Römischen Reich Deutscher Nation im Jahre 1400 gerade nicht zu. König Wenzel war »amtsenthoben«, an seiner Stelle war König Ruprecht von der Pfalz gewählt worden. Die mit dem Thronwechsel verbundenen Wirren drohten möglicherweise auch auf die mächtige und reiche Freie Reichsstadt überzugreifen. Was lag also näher als der Entschluß, die

Der Eschenheimer Turm von Norden (1870)
Zeichnung von E. Peipers

Befestigungswerke zu verstärken, besonders die offene Flanke, der Zugang von Norden? Betraut wurde mit den Plänen zu einem wehrhaften Turm an dieser kritischen Stelle Frankfurts genialer Stadtbaumeister Madern Gertener, dem wir auch den Entwurf zum Domturm verdanken. Er entwarf einen zinnengekrönten runden Turm mit fünf Spitzen, einem Wehrgang und zierlichen Erkern. Der Frankfurter Volkswitz erfand dazu die Scherzfrage: »Es hat fünf Spitzen und sticht doch nicht!« Um den Neubau ausführen zu können, brach Meister Mengoz den 1346 errichteten runden Turm ab und begann mit dem Aufbau eines viereckigen Befestigungswerkes, das etwa bis zur Höhe der Stadtmauer ausgeführt wurde. Dann ruhten die Arbeiten. Erst 1426 bis 1428 führte Madern Gertener selbst sie zu Ende, er schuf auch die beiden Stadtwappen, die den Turm zieren. Alten Rechnungsbüchern ist zu entnehmen, daß er dafür 1426 acht Pfund Heller und acht Schillinge erhielt. Großzügig waren die Frankfurter Pfeffersäcke nun einmal nicht mit der Bezahlung für einen bedeutenden Künstler.

Entstanden war ein Werk nicht nur von wehrhafter Zweckmäßigkeit, sondern auch von künstlerischer Vollendung, das schon bei den Zeitgenossen Aufsehen erregte. Verstärkt wurde die Anlage durch ein Vorwerk auf der anderen Seite des Stadtgrabens; die Brücke, die beide Seiten verband, konnte durch Herausnahme von Bohlen unpassierbar gemacht werden. Zwei eisenbeschlagene Tore und ein Fallgitter schützten die Durchfahrt. Bei Gefahr konnte zudem der Weg durch Erde und Geröll in seiner ganzen Länge unpassierbar gemacht werden, im ersten Stock lagerten ständig Erdmassen, die jederzeit herabgeschüttet werden konnten.

Bemerkenswert war die Krönung des Turms durch eine Wetterfahne. Die Sage von dem Wilddieb Hans Winkelsee, der in dem Turm gefangen saß und sein Leben durch einen Meisterschuß rettete, kannte früher jedes Schulkind. Heute scheint sie halb vergessen zu sein. Die Fahne, jetzt neu vergoldet und mit den traditionellen neun Löchern versehen, wird sie hoffentlich wieder in Erinnerung bringen.

Jahrhundertelang hat der wehrhafte Turm dann allen Stürmen getrotzt, ohne ernsthaft beschädigt zu werden, der Belagerung von 1552, der Schwedenzeit, den Luftangriffen des Zweiten Weltkrieges, Blitzschlag und Bränden. Von menschlichem Unverstand drohte ihm allerdings zeitweise noch größere Gefahr. Als zu Anfang des 19. Jahrhunderts die Stadtbefestigung niedergelegt wurde, sollte auch der Turm abgerissen werden, damals rettete ihn der französische Gesandte Graf Hédouville durch Fürsprache bei dem kunstsinnigen Fürstprimas Carl von Dalberg. 1864 bewahrte ihn nur eine knappe Mehrheit im Stadtparlament vor der Vernichtung, und 1894 gelang es dem Arzt

Dr. Varrentrapp, die Barbarei einer Zerstörung zu verhindern.

Inzwischen wurde er unter erheblichen Kosten restauriert. Als man das Bauwerk zu Beginn der Arbeiten näher untersuchte, stellte sich heraus, daß die Beschädigungen doch wesentlich größer waren als ursprünglich angenommen. Alle Wasserspeier waren zerstört, Fenstergewände, Fensterbänke weitgehend beschädigt, Putzteile hatten sich gelöst, die Eisenanker, die den Basaltstein zusammenhalten, waren verrostet. Diese Schäden wurden weitgehend behoben. Geschmackvoll neu angestrichen steht er jetzt als Zeugnis vergangener kriegerischer Zeiten inmitten des modernen großstädtischen Verkehrs.

Doch was soll mit den halb verfallenen Innenräumen geschehen, die früher einmal bewohnt waren? Vor einigen Jahren wurden große Pläne geschmiedet. Ein kleines Museum sollte eingerichtet werden, eine Dependance des Historischen Museums. Inzwischen ist es um all diese Vorschläge still geworden.

Nach dem Kuhhirten zog Hindemith in den Turm

WEHRHAFTES SACHSENHAUSEN

Überschwemmungen des Mains sind für das heutige Frankfurt kein ernsthaftes Problem mehr. Die Stadt ist auf beiden Seiten des Flusses durch hohe Mauern geschützt; wo dies nicht der Fall ist, etwa am Fahrtor, kann selbst starkes Hochwasser keinen schweren Schaden mehr anrichten. Anders im Mittelalter. Selbst trutzige Befestigungswerke wurden damals Opfer der reißenden Fluten. Sachsenhausens Brückenturm, der Stolz der Stadtbefestigung an der Alten Brücke, wurde sogar zweimal zerstört; 1306 und durch das große Hochwasser vom 24. Juli 1342, das auch das kleine Kapellchen auf der Alten Brücke vernichtete, eine Katastrophe, die den Frankfurtern, wie ausführliche zeitgenössische Berichte erzählen, einen gehörigen Schrecken eingejagt haben muß. Angesichts seiner strategischen Bedeutung wurde der Brückenturm wieder aufgebaut als massives, viereckiges Befestigungswerk mit steilem Helm und einem mit vier Ecktürmchen besetzten Wehrgang, erst 1380 war er vollendet,

1765 hat man ihn als Verkehrshindernis abgebrochen. Aber der stattliche Turm lebt für Frankfurt in der Erinnerung fort. Als das neue Frankfurter Rathaus gebaut wurde, diente er als Vorbild für den »langen Franz«, dem nach Oberbürgermeister Franz Adickes genannten Rathausturm.

Der »Elephant«, das »Weiße Roß«, der »Pulverturm«, das »Rehkalb« und der »Tiergarten« hießen außerdem in Sachsenhausen fünf wehrhafte Befestigungstürme, von denen wir noch Kunde haben. An Witz und Scharfsinn hat es den Frankfurtern nie gefehlt, wenn Bauwerke treffend und sinnfällig bezeichnet werden sollten. Elefant, Roß und Rehkalb waren wohl auch als Zeichnungen oder Reliefs an den Türmen angebracht, sie sollten den Frankfurter Wehrpflichtigen aus der Bürgerschaft, die ja größtenteils nicht lesen und schreiben konnten, im Kriegsfalle ihren Standplatz bezeichnen. Der Belagerungsplan von 1552 läßt sie alle noch deutlich erkennen. Heute sind sie verschwunden, bis auf den »Elephanten«, den heutigen Kuhhirtenturm. Um 1490 erbaut, hat er ein wechselvolles Schicksal erlebt. Schließlich wußte man mit ihm nichts Besseres anzufangen, als ihn dem Sachsenhäuser Kuhhirten, der täglich das Vieh in den Stadtwald trieb, als Wohnung anzuweisen, wohl deshalb, weil niemand diesen ungepflegten und nach Kuhdung riechenden Mann als Hausgenossen haben wollte. Das ging so lange gut, bis es keine Kühe mehr gab, die zu hüten waren. Dann stand die Wohnung viele Jahre leer.

Der Kuhhirtenturm 1877
Zeichnung von Peter Becker

1884 sollte der Turm abgebrochen werden. Doch da erhob sich in der Stadt ein Proteststurm. Historiker, Architekten, Ingenieure, Künstler und viele andere angesehene Bürger protestierten gegen die geplante Barbarei. Das Unwahrscheinliche geschah, die Bürgerinitiative rettete, im Gegensatz zu anderen Fällen, in denen die hohe Obrigkeit einfach über solche Einsprüche hinwegschritt, das mittelalterliche Bauwerk.

Ein großes Glück, denn es kam in den zwanziger Jahren des 20. Jahrhunderts wieder zu unerwarteten Ehren: Der Komponist Paul Hindemith erbat sich den Kuhhirtenturm von der Stadt als Wohnsitz, richtete ihn unter großen Kosten wieder her und zog 1923 ein. Doch des Komponisten riesiger Konzertflügel ließ sich nicht über die engen, winkligen Treppen transportieren. Da ließ er kurzerhand das Dach abheben und mit einem Kran das sperrige Instrument in sein Arbeitszimmer befördern. 1957 wurde der im Zweiten Weltkrieg 1943 von Bomben stark getroffene Turm geschmackvoll wiederaufgebaut und in den Gebäudekomplex des »Hauses der Jugend« einbezogen.

Viele ältere Frankfurter werden sich noch entsinnen, welch unliebsames Aufsehen im März 1930 die Nachricht erregte, der »Ulrichstein«, die malerische Ruine eines mittelalterlichen Turmes, auf Sachsenhäuser Seite am Eisernen Steg gelegen, falle der geplanten Mainuferstraße zum Opfer. Wieder gab es Proteste. Maßgebende Persönlichkeiten der

Stadt, die bei der Niederlegung historisch wichtiger Gebäude um ihre Meinung gefragt werden sollten, ja sogar der Oberbürgermeister Dr. Landmann, waren, wenn man den zeitgenössischen Berichten glauben darf, von den »Technokraten« des Hochbauamtes einfach überrumpelt worden. Sie hatten von dem Abbruch erst erfahren, als die Preßlufthämmer bereits ratterten und das Zerstörungswerk schon halb vollendet war. Der Ulrichstein gehörte nicht zu der ursprünglichen Stadtbefestigung, sondern ist wahrscheinlich von Ulrich III. von Hanau im 14. Jahrhundert als Teil einer Zwingburg gegen die Stadt gebaut worden. Der Kaiser, der sich, wie so oft, in Geldverlegenheit befand, hatte ihm die kaiserlichen Einkünfte aus der Freien Reichsstadt verpfändet, die Burg selbst war auf kaiserlichem Hoheitsgebiet errichtet worden. Frankfurt befand sich in ernster Gefahr, seine Freiheit zu verlieren und zum Untertanen des Hanauers herabzusinken.

Daß es nicht soweit kam, verdankt die Stadt dem Patrizier Siegfried von Marburg, nach seinem Besitztum auch Siegfried zum Paradies genannt. Ihm gelang es, nach und nach alle kaiserlichen Verpfändungen abzulösen. Das Amt des Schultheißen kam in den Besitz der Stadt, sie erhielt damit das Recht, den Stellvertreter des Kaisers selbst zu wählen. Die Gefahr war gebannt. Im Jahre 1391 war der Ulrichstein bereits im Besitz der Stadt und wurde in die Stadtbefestigung einbezogen. Eine wichtige Rolle spielte der Turm in Frankfurts Schwedenzeit. Als

1635 die Frankfurter, unterstützt von kaiserlichen Truppen, die Schweden in heftigen Kämpfen aus Sachsenhausen vertrieben, ging auch der Ulrichstein in Flammen auf. Seitdem zierte er als malerische Ruine das Mainufer. Siegfried zum Paradies' Grabstein befindet sich heute in der Alten Nikolaikirche am Römerberg.

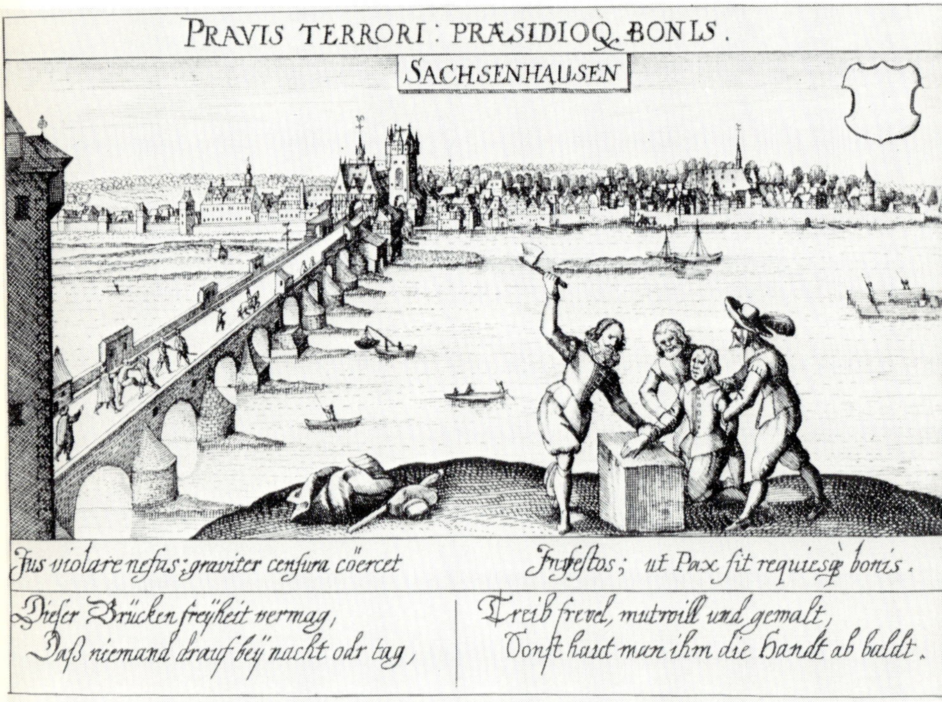

Die Alte Brücke mit dem Sachsenhäuser Brückenturm. Im Vordergrund ein armer Teufel, dem die Hand abgeschlagen wird, weil er auf der Brücke »Frevel getrieben« hat, vielleicht war er in eine Streiterei verwickelt
Kupferstich (17. Jahrhundert)

Von Schnapphähnen
und anderen ehrbaren Leuten

DIE LANDWEHR, EINE ZWEITE VERTEIDIGUNGSLINIE

Wie oft mag sich auf den fruchtbaren Feldern der Mainebene vor den wehrhaften Mauern der Freien Reichsstadt Frankfurt die gleiche Szene abgespielt haben: In glühender Sonnenhitze arbeiten auf dem Felde einige Bauern. Plötzlich der Hufschlag von Pferden, eine Gruppe bewaffneter »Schnapphähne« fällt mit lautem Geschrei über sie her, fesselt sie und verschleppt sie in das dunkle, feuchte Verlies einer benachbarten Burg. Nur gegen hohes Lösegeld kommen die Gefangenen wieder frei, wenn sie nicht vorher den Strapazen und Mißhandlungen des räuberischen Überfalls erliegen. Oder noch schlimmer, zumindest für die adlige Räuberbande und ihre Reisigen noch erfolgreicher: eine Gruppe von Kaufleuten, die mit ihren voll beladenen Planwagen zur Frankfurter Messe reisen, wird noch kurz vor den rettenden Stadttoren beraubt und gefangengenommen.

Aber wie sich verteidigen in diesen unsicheren Zeiten des späten Mittelalters, als die kaiserliche

Macht keinen ausreichenden Schutz mehr bot und jeder sich selbst helfen mußte? Frankfurt half sich wirksam, zumindest auf eigenem Territorium. Die Stadt schuf eine zweite Befestigungslinie an den Grenzen ihrer Gemarkung, die »Landwehr«, einen Erdwall mit einem oder zwei tiefen Gräben und dichten, undurchdringlichen Hecken, dem »Gebück«. (Die Zweige von Bäumen oder Sträuchern wurden wieder in den Boden gesteckt – gebückt –, dadurch entstand ein Gebüsch, das niemand durchschreiten konnte.)

Ausfallstraßen wurden durch Warten geschützt, schmale Türme, die eine Sicht weit ins ebene Land hinaus möglich machten, so daß man durch verabredete Zeichen die Stadt vor heranziehenden Heerhaufen warnen und die Bauern – durch Körbe, die an den Türmen aufgehängt wurden – auffordern konnte, sich schnellstens vom Felde auf das schützende Gelände der Wehren zurückzuziehen. Sie bestanden aus dem Turm, der mit Geschützen ausgerüstet war und kleine Räume für einen Wärter enthielt, und aus einem von starken Mauern umgebenen Hof. Dieses ganze Vorfeld-Verteidigungssystem, für dessen Ausbau man mit rund dreißigjähriger Verspätung 1398 die Erlaubnis König Wenzels eingeholt hatte, wurde in rund zwei Generationen (von 1370 bis 1427) erbaut. Es hat in den beiden letzten Jahrhunderten des Mittelalters der Stadt gute Dienste geleistet, großen Truppenmassen gegenüber mußte es natürlich versagen. Bei der

Die Bockenheimer Warte um 1700
Aquarellierte Zeichnung von Joh. Peter Neef

Belagerung Frankfurts im Jahre 1552 hat es deshalb auch kaum eine Rolle gespielt. Die Türme und Wehranlagen dienten daher in den folgenden Jahrhunderten nur noch friedlichen Zwecken, der Erhebung von Zöllen und dem Empfang der Kaufleute, die zu den Messen kamen. Sie wurden hier empfangen und feierlich in die Stadt geleitet.

Fünf Wachtürme hat Frankfurt im 14. und 15. Jahrhundert errichtet, vier von ihnen hat uns ein freundliches Geschick bis heute erhalten. Der wohl unbedeutendste, die Rieder Warte, hinter den Rieder Höfen an der Hanauer Landstraße gelegen, wurde schon Ende des 18. Jahrhunderts abgerissen. Die älteste der heute noch existierenden Befestigungsanlagen ist die Galluswarte. 1414 erbaut, hieß sie erst »die Warte bei den guten Leuten« (nach dem Gutleuthof), erst verhältnismäßig spät bürgerte sich der Name Galluswarte ein. Ihre Konstruktion muß auch in den Frankfurt benachbarten Territorien Aufsehen erregt haben. Als um 1420 Fulda den Bau einer Warte plante, entsandte das Stift einen Beauftragten, um sich die Galgenwarte, wie sie auch eine Zeitlang hieß, anzusehen. Bei der Belagerung von 1552 wurde sie in Brand geschossen, aber später wieder aufgebaut.

Die Bockenheimer Warte wurde 1434 an der Kreuzung der Wege von Rödelheim und Bockenheim nach Frankfurt errichtet. Der Turm enthält drei steinerne und ein Fachwerkgeschoß. Sonst ist über sie wenig bekannt.

Die Galgenwarte
Gezeichnet von Zehender 1775

Als das Dorf Bornheim 1475 zur Stadt Frankfurt kam, wollte man selbstverständlich diesen neuen Besitz in die Verteidigungsanlage mit einbeziehen. Dieses Mal holte man aber die Erlaubnis des Kaisers vorher ein, da man von dem benachbarten Hanau Schwierigkeiten, sogar ein bewaffnetes Eingreifen, befürchtete. Noch im gleichen Jahr machten sich 1500 Frankfurter Bürger und zum Frondienst verpflichtete Bauern daran, den Befestigungsgraben auszuheben, 1478 wurde dann der wehrhafte Turm errichtet, die »Friedberger Warte«, die ursprünglichen Namen »Bornheimer« oder »Vilbeler« Warte bürgerten sich nicht ein. Der sparsame Rat der Stadt hatte beschlossen, daß der Bau »nit zu kostlich« ausfallen dürfe (beim Bau der Sachsenhäuser Warte hatte man sich anscheinend etwas übernommen). Mit hörigen und leibeigenen Bauern, denen man für ihre mühsame Arbeit keinen Heller bezahlte, konnte man freilich dieses Ziel leicht erreichen. 1552 besetzten sächsische und hessische Truppen anscheinend ohne jeden Widerstand die Landwehr und begannen von hier aus die Stadt einzuschließen. Im Dreißigjährigen Krieg steckten die Kroaten sie in Brand, später wurde sie wieder aufgebaut, »weil sie dem Land ein sonder Zierd sei«, wie der Rat damals verlauten ließ.

In Sachsenhausen wurde schon Ende des 14. Jahrhunderts eine hölzerne Warte errichtet, die 1425 abgebrochen wurde. 1414 wurde mit dem Bau eines steinernen Turmes begonnen. Dies führte zu

Die Sachsenhäuser Warte
Aquarellierte Zeichnung nach Reiffenstein (um 1860)

einem Konflikt mit dem Trierer Erzbischof Werner von Falkenstein, der behauptete, die Warte sei auf dem Gebiete des Dreieicher Wildbannes errichtet, der seiner Herrschaft unterstand. Der offenbar sehr gewalttätige geistliche Herr ließ daraufhin die Warte einfach niederbrennen. Frankfurt kuschte vor ihm, und die Befestigungsanlage wurde nicht wieder aufgebaut.

Rund zwei Generationen lang waren jetzt Sachsenhausens kleine Ackerbauern und Viehzüchter den räuberischen Übergriffen der Untertanen der Wildbannherrn ausgesetzt. 1468 baten sie daher den Rat der Stadt um die erneute Errichtung einer Landwehr. Dieses Mal aber ging der Rat klüger und umsichtiger vor. Er erreichte, daß Kaiser Friedrich III. der Stadt die Erlaubnis zum Bau einer »lanntwer« erteilte, auch dann, wenn sich Widerstand dagegen erhebe. Sogleich begann man jetzt mit dem Bau an der höchsten Stelle der heutigen Darmstädter Landstraße.

Wieder mußten die Bürger der Stadt und die Juden an dem Bau hart arbeiten, nur reiche Leute konnten ihre Verpflichtungen durch eine Geldzahlung ablösen. Der Widerstand des Wildbannherrn ließ nicht lange auf sich warten, schließlich wurde der Bau unter militärischer Bedeckung zu Ende geführt (1470). 1552 wurde die Warte von den Brandenburgern niedergebrannt, bald darauf aber wieder aufgebaut.

Heute stehen die Warten als steinerne Zeugen einer unruhigen Vergangenheit mitten im Großstadtverkehr oder an viel befahrenen Landstraßen. »Romantische« Erinnerungen an die »gute, alte Zeit«? Nein, Zeugnisse einer Epoche, die von Kriegslärm, Gewalttaten, Verbrechen genauso erfüllt war wie die unsere.

Die Friedberger Warte
Nach einem Stahlstich

Juden und hörige Bauern mußten Frondienste leisten

DIE ERWEITERUNG DER STADTBEFESTIGUNG IM 17. JAHRHUNDERT

Als im Jahre des Unheils 1618 zwei kaiserliche Räte aus einem Fenster der Prager Burg in den tiefen Festungsgraben gestürzt wurden, ein spektakuläres Ereignis, das spätere Historiker als den Beginn des Dreißigjährigen Krieges bezeichneten, war Frankfurts mit großen Kosten errichteter wehrhafter Mauerbau bereits hoffnungslos veraltet. Jetzt, im 16. und 17. Jahrhundert, trug nicht mehr der tapferste Mann, der mutigste Feldhauptmann den Sieg davon, sondern der Anführer, der über die meisten und besten »modernen« Mordwaffen, die bereits im Mittelalter erfundenen, aber in ihrer Wirkung und Treffsicherheit inzwischen stetig verbesserten Kanonen verfügte.

Der Rat der Freien Reichsstadt war sich dieser Situation wohl bewußt, er unternahm aber in der zweiten Hälfte des 16. und zu Beginn des 17. Jahrhunderts außer einigem Flickwerk nichts Entscheidendes zur Behebung dieses Notstandes. Man hatte, wie üblich, kein Geld und glaubte auch nicht

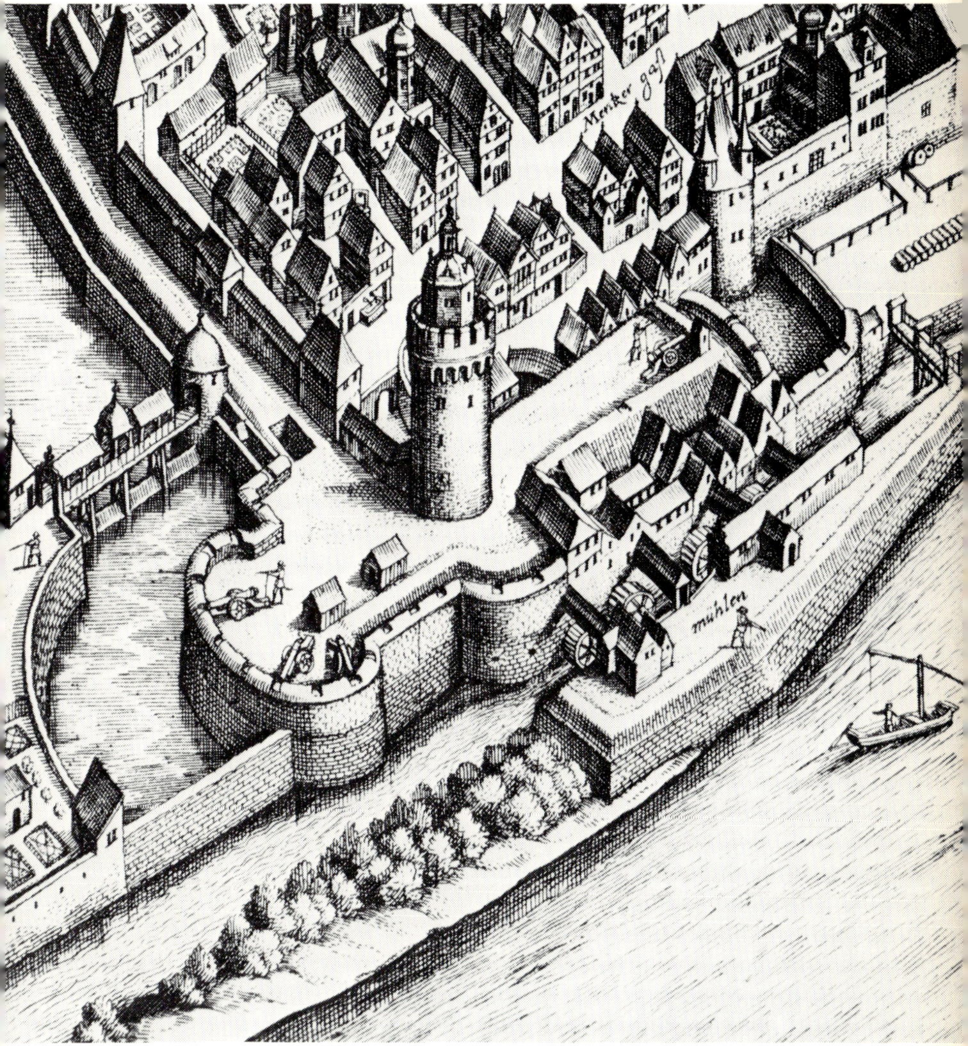

Das Schneidwallbollwerk
Ausschnitt aus dem Stadtplan von Merian (1628)

an eine ernste Gefahr. Das änderte sich erst, als mit dem Tode des Kaisers Matthias (1619) sich dunkle Wolken am Himmel Europas zeigten. Der Rat berief den kurpfälzischen Baumeister Adam Stapf, ließ sich von ihm Pläne anfertigen, zweimal, das zweite Mal 1621, lehnte aber die Ausführung der Projekte beide Male ab. Den renommierten Fachmann fand man mit einem lächerlichen Handgeld ab.

Der Sieg des kaiserlichen Feldherrn Tilly bei Höchst (Juni 1622) jagte den Frankfurtern allerdings einen heftigen Schrecken ein. Leider keinen heilsamen, man setzte den alten Schlendrian fort. Oder sah das nur für den Unbeteiligten so aus? Setzte nicht der Rat, der doch sonst weltläufig genug war und der bei anderen Gelegenheiten kräftig zuzupacken wußte, seine alte geschickte »Schaukelpolitik« wieder fort, um nicht durch Anlage starker Befestigungen als evangelische Reichsstadt das Mißtrauen des Kaisers zu erregen und dadurch möglicherweise seine vielen Privilegien zu verlieren? Wahrscheinlich. Als der Bau moderner Befestigungsanlagen später in Fluß gekommen war, gab man – 1628 – die feierliche Erklärung ab, daß diese nur defensiven Charakter hätten und keinesfalls gegen Kaiser und Reich gerichtet seien.

Endlich wurde im Mai 1626 Johann Adolf von Holzhausen, der angeblich von Fortifikationen etwas verstand und der außerdem bereit war, ohne Bezahlung zu arbeiten, von der Stadt in Dienst genommen. Er verstärkte die Verteidigungsanlagen am Friedberger Tor, der Bau stürzte aber nach kurzer Zeit wieder zusammen. Auf seinen Vorschlag hin wurde nun der kursächsische Ingenieur Wilhelm Dillich mit seinem Sohn Johann Wilhelm nach Frankfurt berufen, der Sohn 1627 fest engagiert. Damit kam der richtige Mann an den richtigen Platz. Vier Pläne für eine neue Stadtbefestigung wurden jetzt entworfen, außerdem ein Modell zu einem neuen Eschenheimer Tor angefertigt.

Jetzt eilte plötzlich alles. Der Rat beschloß, mit den Arbeiten am Eschenheimer Tor sofort zu beginnen, um sich dann der Friedberger Pforte zuzuwenden, die an die Vilbeler Gasse verlegt werden sollte. Doch schon bei diesen Arbeiten kam es zu einem ernsten Zwischenfall. Am Fronleichnamstag 1629 stürzte der östliche Teil des Bollwerkes zusammen, dem bald weitere Teile folgten. Gutachter, die der Rat heranzog, insbesondere der Darmstädter Baumeister Staudt, wiesen Dillich einige Konstruktionsfehler nach, aber auch die Werkleute hatten schlecht gearbeitet. Der Rat ließ die kleinen Leute in Ketten legen, Dillich kam ohne Strafe davon, mußte es sich aber gefallenlassen, daß ihm ein tüchtiger Ingenieur zur Seite gestellt wurde, auch der Baumeister wurde später von der Stadt mit neuen Aufgaben betraut.

Die in der Hauptsache von Dillich entworfenen Verstärkungen der »Festung Frankfurt« ließen im allgemeinen die mittelalterlichen Mauern bestehen, verstärkten diese aber durch fünfeckige weit vorspringende, durch Erdwälle miteinander verbundene Bollwerke, die wieder von einem breiten Graben umgeben wurden. Entstanden sind so bis zum Jahre 1667 (Dillich starb 1660) auf der Frankfurter Seite elf, in Sachsenhausen fünf Bollwerke. Nur einmal waren die Arbeiten ins Stocken geraten, 1631 erklärte die Stadt, sie habe kein Geld mehr. Doch als am 17. November 1631 der siegreiche König Gustav Adolf von Schweden in die Stadt einzog, brachte er die Frankfurter Ratsherren schnell wieder auf Trab.

Doch wie wurden alle diese Bauten, die sich durch Jahrzehnte hinzogen, finanziert? Natürlich wurden die Steuern, u. a. auf Fleisch, Korn und Wein, kräftig erhöht. Von der Bürgerschaft mußte jedes Quartier täglich 6 Mann stellen, diese Anforderungen wurden bald verstärkt, so daß zeitweise bis zu 600 Mann tätig waren. Später zwang der Rat die leibeigenen Bauern der zur Stadt gehörenden Dörfer Frondienste zu leisten, selbstverständlich ohne jede Bezahlung. Am schlimmsten aber wurde den Juden mitgespielt. Anfangs mußten sie täglich 80 Mann stellen und monatlich 100 Gulden zahlen. Später ging man dazu über, von ihnen unter fadenscheinigen Vorwänden eine hohe Summe zu erpressen.

Als zu Anfang des 19. Jahrhunderts Frankfurts Befestigungsanlagen niedergelegt wurden, war auch das Ende des Bollwerks des 17. Jahrhunderts gekommen. Haben sich die ungewöhnlichen Opfer an Geld und Arbeitskraft gelohnt? Halb Deutschland ist in den furchtbaren Jahren des 30jährigen Krieges in eine Wüste verwandelt worden. Frankfurt kam glimpflich davon, die Stadt wurde nicht zerstört und nicht gebrandschatzt, kein fremdes Kriegsvolk, mit Ausnahme der Schweden, die aber nach verhältnismäßig kurzer Zeit (1635) ohne große eigene Verluste wieder vertrieben wurden, hat den Boden Frankfurts betreten. Neben vielen anderen Gründen ist dieser Glücksfall gewiß auch seinen starken Mauern, die zwar zögernd und spät, aber schließlich in Eile von tüchtigen Fachleuten verstärkt wurden, zu verdanken.

SÖLDNER VERTEIDIGTEN DIE FREIE REICHSSTADT

Doch wer waren die Verteidiger, die sich hinter Wällen, Gräben und Mauern verschanzten? Wären sie dem »Ernstfall«, der glücklicherweise im Mittelalter nicht eintrat, einer Belagerung durch ein gut ausgerüstetes Heer, gewachsen gewesen? Konnte sich der Rat der Stadt, in dessen Händen die Entscheidung über Krieg und Frieden lag, auf ihren Mut und ihre Tapferkeit verlassen? Konnten die beiden Bürgermeister, die die tatsächliche Befehlsgewalt ausübten, insbesondere der Schultheiß, der im Auftrage des Kaisers das Banner der Stadt führte, mit ihrer Einsatzfreudigkeit rechnen? Mit den Bürgern und Kleinbürgern, die eine wichtige Stütze der Verteidigung bildeten, nachdem mit dem Verfall der königlichen Pfalz die Zahl der Ritter, der »Ministerialen des Reiches«, immer weniger geworden war?

Jeder Angehörige einer Zunft, so verlangte es die uns noch erhaltene Ordnung von 1355, war zum Kriegsdienst verpflichtet, unter dem Zunftbanner

Die Schlacht bei Kronberg von 1389.
Frankfurter Krieger unter dem Stadtadler.
Ausschnitt aus einer Kopie aus dem 17. Jahrhundert nach einem verloren gegangenen Gemälde
Historisches Museum, Frankfurt

versammelten sich die Wehrpflichtigen, den Angehörigen eines jeden Handwerks war ein bestimmter Abschnitt der Stadtmauer zur Verteidigung zugewiesen. Wer über dreißig Gulden Vermögen besaß, hatte sich einen Harnisch zu beschaffen, Ärmere mußten wenigstens einige Waffen besitzen. Fernbleiben vom Dienst oder andere Vergehen wurden mit empfindlichen Geldstrafen bedroht. Als besonders drückend wurden sie empfunden, seit in innerstädtischen Machtkämpfen, ebenfalls in den fünfziger und sechziger Jahren des 14. Jahrhunderts, das Patriziat der Stadt sich durchgesetzt hatte und der Einfluß der Zünfte stark zurückgegangen war. Die nicht den Zünften angehörigen Bürger, besonders die in der Landwirtschaft tätigen, wurden in Stubengesellschaften unter Führung von Stubenmeistern und in Rotten erfaßt, die von Rottmeistern befehligt wurden. Eine Anzahl von Bürgern, die mit Pulver umzugehen wußten, diente der Vaterstadt als Schützen, sie waren meist Freiwillige aus dem Kreis der Handwerker.

Leider sind wir nur ungenügend darüber unterrichtet, wie dieses Milizsystem funktionierte. Die scharfen Strafandrohungen, die in keiner Anweisung fehlten, lassen darauf schließen, daß einiges faul im »Staate Frankfurt« war. Können wir uns im Ernst vorstellen, daß behäbige Kleinbürger, wenn die Sturmglocke ertönte, alles stehen und liegen ließen, ihre schimmernde Wehr anzogen und in Eilmärschen zu ihren Versammlungsplätzen eilten?

Mit heilen Knochen möglichst bald wieder nach Hause zu kommen, dürfte ihr wichtigstes Anliegen gewesen sein. Doch unter den Handwerksgesellen waren gewiß rauflustige Burschen, die nicht nur in Wirtshäusern, wie der uns dank glücklicher Zufälle erhalten gebliebenen »Krawall-Schachtel« in der »Alten Gasse«, Händel suchten, sondern die auch gegen einen äußeren Feind ihren Mann standen.

Frankfurt verließ sich aber nicht allein auf die Wehrkraft seiner Bürger, sie stellte auch Berufssoldaten als Söldner ein. Bei dieser kleinen, zuerst aus Berittenen, im 15. Jahrhundert auch aus Fußsoldaten bestehenden Truppe lag die Hauptlast der ständigen Fehden und Kleinkriege, die die Stadt insbesondere im späten Mittelalter führte. Aus dem Jahre 1335 ist uns der erste Dienstbrief eines Söldners erhalten. Darin verpflichtet sich der Edelknecht Schuttelin, »dem Kaiser im Auftrage der Stadt mit 15 Helmen« für zwei Monate Kriegsdienst zu leisten, auf eigenes Risiko natürlich, wie eigens vermerkt wird. Dafür erhalten er und seine Leute auch die ganze Beute, nur »Freunde der Stadt« dürfen sie nicht plündern.

Anderer Leute Hab und Gut an sich zu bringen, also eine Art »legalisierte Räuberei«, scheint eines der Hauptmotive dieser rauhen Burschen gewesen zu sein, die ihr Leben für einen lächerlichen Hungerlohn aufs Spiel setzten, und denen es auf einen Mord mehr oder weniger beim Plündern gewiß nicht angekommen ist. Seit 1348 sind uns fast vollständig alle Dienstbriefe der Stadt überliefert, so daß es möglich war, von diesem Jahr bis 1519 die Menge der Söldner ziemlich genau zu berechnen. Ihre Zahl blieb ziemlich klein, eine Landplage wie später im Dreißigjährigen Krieg sind sie jedenfalls im Mittelalter nicht geworden. Ergänzt wurde dieses kleine Berufsheer durch Spezialisten wie Geschützmeister, einen oder mehrere Armbruster, die jährlich zwei neue Armbrüste lieferten, und dem Pfeilsticker, der die Bolzen für die Armbrüste herstellen mußte.

Diese Verteidigungsanstrengungen wurden noch verstärkt durch ein raffiniert ausgeklügeltes System von geschickt ineinandergreifenden Maßnahmen und Verträgen. Selbstverständlich mußten die Bürger der Frankfurt angehörenden Dörfer Wehrdienst leisten. Fremde Gemeinden, aber auch Klöster beispielsweise, konnten das Frankfurter Bürgerrecht erwerben (»Ausbürger«, »Pfahlbürger«), als Gegenleistung dafür mußten sie Wehrpflichtige stellen oder sonstige Beiträge entrichten. Durch Verträge mit Rittern aus der Umgebung der Stadt sicherte sich der Rat deren Hilfe oder Neutralität, der Erwerb von Öffnungsrechten an befestigten Plätzen garantierte im Kriegsfalle den Besitz zahlreicher Stützpunkte. Eine noch wesentlichere Hilfe waren die zahlreichen Städtebündnisse, an denen auch Frankfurt mit wechselnden Partnern sich beteiligte. Sie alle sicherten Leben und Besitz der Bürger, ihren Handel und ihre Messe.

Im 18. Jahrhundert blühten Obstbäume auf den Wällen

VERTEIDIGUNGSWERKE ZUM SPAZIERENGEHEN

Die ewig launische und wankelmütige Göttin Fortuna blieb der Stadt auch nach dem Dreißigjährigen Krieg treu. In den Kämpfen gegen Ludwig XIV. zogen nur einige kleinere französische Abteilungen in angemessener Entfernung an den Befestigungen vorbei, auch der Spanische und der Österreichische Erbfolgekrieg brachten keine spektakulären Ereignisse. Im Siebenjährigen Krieg überrumpelten die Franzosen die Freie Reichsstadt unter Verletzung der Neutralität.

Gegen einen solchen rechtswidrigen Coup, bei dem angeblich auch einige Ratsherren, natürlich gegen die damals allgemein üblichen Zahlungen, ihre Hand im Spiel hatten, half nun einmal kein noch so gut ausgebautes Festungswerk. Die Niederlage der preußischen und hannoverschen Truppen bei Bergen rettete die Stadt aber vor einer Belagerung durch diese Mächte. 1792 rückten französische Revolutionstruppen in Frankfurt ein, 3000 Mann besetzten die »Festung«, ohne daß die

Frankfurter von ihren Wällen und Bastionen auch nur einen einzigen Schuß abgegeben hätten. Preußische und hessische Truppen versuchten die Stadt zu entsetzen, aber gegen die französischen Scharfschützen, die die Wälle besetzt hatten, konnten sie nichts ausrichten.

Doch da griffen ein paar gewitzte mutige Frankfurter Handwerksburschen in den ungleichen Kampf ein. Was niemand für möglich gehalten hätte, gelang ihnen. Mitten in den schweren Kämpfen ließen sie am Friedberger Tor die Zugbrücke herunter. Jetzt konnten die Verbündeten die Eindringlinge fassen und rasch vertreiben, freilich unter bitteren Verlusten. Auch der Oberkommandierende der hessischen Truppen, Prinz Karl von Hessen-Philippsthal, war unter den Toten. An diese Kämpfe erinnert das Hessendenkmal, das die Gefallenen in uns heute etwas phrasenhaft anmutenden Worten ehrt (»Hier starben den Tod der Helden«). Den Frankfurter Handwerksburschen, den eigentlichen Siegern in dem Gefecht, hat niemand ein Denkmal gesetzt. 1796 räumten die Österreicher, die sich inzwischen hier festgesetzt hatten, die Stadt wieder nach kurzer Beschießung durch die Franzosen. Es war die letzte Kriegshandlung, in der die »Festung Frankfurt« eine Rolle gespielt hat.

Denn die trutzige, durch Wall, Graben und kriegerische Bastionen verstärkte Anlage war längst keine Festung mehr. Sie war hoffnungslos veraltet

Frankfurter Bürger bei der Demolierung der Festungswerke. »Der löblichen Bürgerschaft zum Andenken gewidmet.« Die kleinen Leute schuften, die Vertreter der hohen Obrigkeit schauen zu
Nach einem Kupferstich von 1805

und den immer mehr vervollkommneten modernen Mordwaffen nicht mehr gewachsen. Hauptsächlich aus diesem Grunde, nicht aus mangelnder Bereitschaft zur Selbstverteidigung, hatten die Frankfurter 1792 die Franzosen kampflos in die Stadt gelassen, aus dem gleichen Grunde hatten die Österreicher schon nach kurzer Zeit sich wieder zurückgezogen.

Bereits im 18. Jahrhundert glichen die Werke eher einem kleinstädtischen Idyll als kriegerischen Anlagen. Wälle und Bollwerke waren mit Bäumen bepflanzt, meist mit Obstbäumen und anderen Nutzpflanzen, schattige Alleen waren angelegt worden, in denen die Frankfurter Bürger gerne promenierten. So war 1765 zwischen den beiden Gallustoren eine »Lust-Allee« und eine »Baum-Allee« geschaffen worden. Gelände wurde auch an Handwerker vergeben, an Seiler, Tuchmacher, Bleicher und Gärtner beispielsweise, und die Mauerbögen wurden jetzt Abstellplätze für handwerkliches Gerät. Anderes Gelände wurde zur Anlage von Gartenwirtschaften verpachtet, später kamen auch einzelne Bastionen und Bollwerke in private Hände.

Der Gedanke, die Befestigungswerke gänzlich niederzulegen, sie zu »demolieren«, wie man damals sagte, lag also in der Luft. Besonders begünstigt wurde er durch die inzwischen eingetretene Veränderung der politischen Lage: Im Frieden von 1802 war festgelegt worden, daß die sechs deutschen Reichsstädte künftig als neutral gelten sollten. Frankfurt hatte also alles Interesse daran, als »offene Stadt« angesehen zu werden und damit von weiteren Kriegshandlungen verschont zu bleiben. Voraussetzung dafür war, daß die Befestigungen geschleift wurden.

Der äußere Anstoß dazu ging von Frankreich aus. 1802 ließ das französische Außenministerium den Frankfurter Gesandten »ganz beiläufig« wissen, Frankfurt brauche doch jetzt als neutrale Stadt keine Mauern mehr. Der Rat der Stadt ließ sich das nicht zweimal sagen. Doch die Sache selbst wurde mit der für diese Epoche charakteristischen Umständlichkeit »vorangetrieben«. Mehrere Gutachten ließ der Rat erstellen, die natürlich in manchen Details voneinander abwichen, unter anderem wollten Sachverständige die mittelalterliche innere Mauer erhalten, um unerwünschten Elementen, Landstreichern und anderem »Gesindel«, das Eindringen in die Stadt zumindest zu erschweren. Doch drangen die Vertreter extremer Law-and-Order-Politik schließlich nicht durch. Der Rat beschloß am 26. April 1804, nach eineinhalbjährigem Hin und Her, die totale »Demolition« des gesamten Befestigungswerks. Am Montag, dem 17. September 1804, begannen die Abbrucharbeiten.

Frau Aja, Goethes Mutter, lobt die Demolierung der Festungswerke

»DAS SIEHT DENN SCHAMANT AUS – UND HIERMIT BASTA!«

Man begann mit dem Abriß mit rund fünfzig Arbeitern zwischen dem Friedberger und dem Allerheiligentor, dem höchsten Punkt der »Festung«. Rund ein Jahr danach wurden auch Entfestigungsarbeiten in Sachsenhausen in Angriff genommen, um hier ebenfalls eine Bresche zu schlagen und als »offene Stadt« zu gelten. Als sich die Arbeiten weiter hinschleppten und die Kosten ins Unermeßliche stiegen, kam der hochedle Rat auf die Idee, die »löbliche Bürgerschaft« um ihre tätige Mitwirkung bei dem großen Werk zu bitten – ohne Bezahlung natürlich. Auch Geldspenden zu diesem Zweck, ließ man verlauten, würden dankbar angenommen. Niemand versprach sich ernsthaft etwas von diesem Appell. Doch man täuschte sich, zahlreiche Bürger boten ihre Mitarbeit an, auch Geldbeträge kamen zusammen. Trotzdem, es wurde weiter langsam, teuer und schlecht gearbeitet.

Inzwischen hatte sich die politische Lage grundlegend geändert, Frankreich und Österreich hatten

Jakob Guiollett
Nach einem Gipsmedaillon im Historischen Museum

Frieden geschlossen (zu Preßburg am 28. Dezember 1805), die unmittelbare Kriegsgefahr war für Frankfurt damit gebannt, die Leiden des Krieges aber blieben. Starke französische Truppenverbände unter dem Marschall Augereau lagerten in der Nähe der Stadt, der Marschall legte ihr eine beträchtliche Kriegskontribution auf, außerdem mußte sie für Quartier und Verpflegung der Truppen aufkommen. Selbstverständlich interessierte sich der Franzose auch für eine Niederlegung der Befestigungen. Der Marschall bot sogar eine weitgehende Mitwirkung seiner Truppen an, die der Stadt viel Geld erspart hätte. Doch der Rat lehnte dieses Danaergeschenk – die Franzosen hätten dadurch leicht die Stadt in ihren Besitz bringen können – mit vielen höflichen Worten und ebenso geschickten Ausreden ab.

Der Untergang der Freiheit der »Freien Reichsstadt« war jedoch nicht aufzuhalten. Im Januar 1806 rückten die Franzosen unter Bruch der Neutralität in Frankfurt ein, am 19. August mußte der Rat die Bürgerschaft darüber informieren, daß die Stadt ihre Unabhängigkeit verloren habe, am 9. September wurde durch einen französischen Kommissar der neue Landesherr, der Fürstprimas Karl von Dalberg, eingeführt. Frankfurts »Franzosenzeit« hatte begonnen, sie dauerte sieben Jahre. Der Stadt ging es im Grunde garnicht so schlecht in dieser Zeit der »Fremdherrschaft«. Manche dringlich gewordenen Reform-Vorhaben wurden in die Tat umgesetzt, so auch die längst notwendig gewordene Schleifung der Festungswerke. Der Fürstprimas bewies hier Geschick und Menschenkenntnis, er stellte den richtigen Mann an die richtige Stelle: Jakob Guiollett, den späteren Bürgermeister (Maire) von Frankfurt. 1746 in Aschaffenburg geboren, war er 1786 in kurmainzische Dienste getreten, war nach dem Ende des Kurstaates Dalberg gefolgt, zuerst nach Regensburg und jetzt nach Frankfurt. Er war also, trotz seines französisch klingenden Namens und französischer Vorfahren, entgegen einer noch vielfach auch in Frankfurt weitgehend verbreiteten Ansicht, kein Franzose, sondern gebürtiger Deutscher. 1806, noch in den Diensten Dalbergs in Regensburg stehend, reichte er dem Fürstprimas eine Denkschrift ein, »Bemerkungen über die Schleifung hiesiger Festungswerke«. Hierin übte er scharfe Kritik an dem bisher Geschehenen, er schlug vor, die Zerstörung der Werke nicht mehr auf städtische Kosten vorzunehmen, sondern die Mauern zu verkaufen mit der Auflage, daß der neue Besitzer sie niederzulegen und an ihrer Stelle binnen Jahresfrist einen Garten anzulegen habe.

Der Fürstprimas ernannte Guiollett am 4. Januar 1807 zum fürstlichen Kommissar für die Demolierung und entschied in seinem Sinne. Jetzt ging alles Schlag auf Schlag. In wenigen Jahren wurden die Walldistrikte verkauft, 1807 das Eschenheimer und das Bockenheimer Tor, 1808 das Allerheiligentor und 1809 das Affentor abgerissen. An Stelle des Walles wurden die heutigen Wallstraßen geschaffen, die Wälle wurden eingeebnet, die Gräben zugeschüttet und in die Gärten mit einbezogen. Erhalten blieben die Warten, der Rententurm, der Kuhhirtenturm in Sachsenhausen und durch ein glückliches Geschick, die Fürsprache des französischen Gesandten beim Fürstprimas, der Eschenheimer Turm.

Bei aller Anerkennung der technischen Perfektion und Schnelligkeit, mit der Guiollett die Stadtbefestigung niederlegte, werden wir heute bedauern, daß nur einige Türme dem Zerstörungswerk entgangen sind. Wie viele kleinstädtisch-romantische Winkel bargen doch Mauern, Tore und Brücken! Man hätte sie oder wenigstens einige von ihnen stehenlassen und in die später errichteten Anlagen mit einbeziehen können. Heute wären sie für Einheimische und Fremde zusätzliche Anziehungspunkte (wie etwa in Nürnberg, wo man die alte Stadtmauer erhalten, sogar im letzten Krieg zerstörte Teile originalgetreu wieder aufgebaut hat).

Aber solche Gedanken lagen dem praktisch-nüchternen Sinn Guiolletts nicht, ebensowenig wie seinen Frankfurter Zeitgenossen. Diese freuten sich nur, daß die beengenden Mauern endlich gefallen waren, wie uns vielfältig bezeugt wird, auch durch Frau Aja, Goethes Mutter. Sie schreibt am 1. Juli 1808 an ihren Sohn nach Weimar in waschechtem

Frankfurterisch: »Um die gantze Stadt ein Parck man glaubt es sey Feerey ... jeder baut nach Hertzens Lust ... das sieht dann Schamant aus – und hiermit Basta!« Und sie nimmt auch kein Blatt vor den Mund: »Unsere alte Perücken (der Rat der Stadt in den letzten reichsstädtischen Jahren!) hätten so was biss an den Jüngsten Tag nicht zu wegen gebracht.« Mit dieser freimütigen Kritik zollt sie indirekt auch Guiollett, dem Fürstprimas und dem von den Franzosen eingesetzten »fremdländischen« Regime und seiner Verwaltung hohes Lob. Man sieht, eine engstirnige Nationalistin war Frau Aja nicht.

DIE FESTUNG WEICHT DEM HEITEREN IDYLL

Die Käufer der Walldistrikte machten auch ein glänzendes Geschäft, selbst unter den sehr einengenden, gelegentlich deshalb wohl auch als drükkend empfundenen Bedingungen für eine Wiederverwendung des eingeebneten Geländes. Gebäude durften nur in der obersten Lage, ohne schrotmäßigen Keller, errichtet werden. Nutzung zu Gewerbezwecken war verboten. Durch dieses weitsichtige Gesetz, die Frankfurter Wallservitut, wurde rings um die Innenstadt der Grüngürtel der Anlagen, der jetzt auf den äußeren Wallgrundstükken angelegt wurde, weitgehend vergrößert. Auch die Pläne für diese repräsentativen Befestigungen stammten von Guiollett selbst. Mit der Durchführung wurde der junge Stadtgärtner Sebastian Rinz beauftragt.

Anstelle der mittelalterlichen Tore wurden jetzt kleine einstöckige Zoll- und Wachthäuser in zierlichen klassizistischen Formen errichtet. Am Obermain-, dem Untermain- und dem Schaumaintor

Der Eschenheimer Turm mit dem klassizistischen Tor
»Nach der Natur gemalt« von
Johann Friedrich Morgenstern

hielt man die Errichtung von nur je einem Wachthaus für ausreichend, an allen anderen Toren wurden zwei sich gegenüberstehende Wachthäuser erbaut. Sie waren durch schwarz gestrichene und oben vergoldete Eisengitter miteinander verbunden.

Zahlreiche Abbildungen dieser stilvollen klassizistischen Tore sind uns erhalten geblieben, meist aus der Zeit nach 1815, als in der Stadt das alte reichsstädtische Regime wiedererrichtet worden war, das natürlich auch auf den Stadttoren sofort alle Hoheitszeichen aus der »Franzosenzeit« beseitigte. Auf diesen Bildern entfaltet sich meist ein kleinstädtisch-biedermeierliches Treiben, ein heiteres Idyll.

1864 wurden die Stadttore auf der Landseite aufgehoben, die Wassertore verschwanden 1866. Erhalten blieben die Wachthäuser am Friedberger-, Allerheiligen-, Taunustor und am Affentor in Sachsenhausen. Sie fielen erst den Bombennächten des letzten Weltkrieges zum Opfer, mit Ausnahme des Affentores. Dieses (benannt nach einem bereits 1350 urkundlich erwähnten »Haus zum Affen«) wurde erst kürzlich verständnisvoll restauriert und damit vor dem Verfall gerettet.

Daß das große Werk, die Beseitigung der beengenden Stadtmauern und die Errichtung des Anlagengürtels, in der Zeit der »Fremdherrschaft« durchgeführt wurde, hat glücklicherweise in der stets weltbürgerlich gesinnten Stadt niemals zu nationalistischen Reaktionen geführt. »Maire« Guiollett wurde nach seinem Tode (1815) in einem Ehrengrab bestattet, ihm wurde ein Denkmal gesetzt, und eine repräsentative Straße wurde nach ihm benannt. Selbst als Frankfurt wieder seine vielgeliebte reichsstädtische Freiheit verlor – 1866 durch Preußen – wurde die Erinnerung an Guiollett nicht angetastet.

Das Bockenheimer Tor in der Biedermeierzeit

LITERATURVERZEICHNIS

ALT-FRANKFURT, Vierteljahrsschrift für seine Geschichte und Kunst. Frankfurt a. M. 1909–1913.

BATTONN, Johann Georg, Örtliche Beschreibung der Stadt Frankfurt am Main, Bd. I und VII. Frankfurt am Main 1861–1875.

COHAUSEN, A. von, Beiträge zur Geschichte der Befestigung Frankfurts im Mittelalter. Archiv für Frankfurts Geschichte und Kunst, Neue Folge, Bd. IV.

–, Der Eschenheimer Thurm in Frankfurt a. M. Zeitschrift für Bauwesen 1868.

Eschenheimer Turm zu Frankfurt am Main, Der. Eine Schrift der Sparkasse von 1822. Frankfurt a. M. 1975.

Frankfurt a. M. und seine Bauten. Herausgegeben vom Architekten- und Ingenieur-Verein, Frankfurt a. M. 1886.

GWINNER, Philipp Friedrich, Kunst und Künstler in Frankfurt a. M. Frankfurt a. M. 1862–1867.

JUNG, Rudolf, Die Niederlegung der Festungswerke in Frankfurt am Main 1802–1807. Archiv für Frankfurts Geschichte und Kunst, F. 3, Bd. 11, 1913.

KRIEGK, Georg Ludwig, Geschichte von Frankfurt a. M. Frankfurt a. M. 1871.

LOTZ, W., Die Baudenkmäler im Regierungsbezirk Wiesbaden, Berlin 1880.

Quellen zur Frankfurter Geschichte II. (über die Befestigung zur Zeit der Belagerung von 1552), Frankfurt a. M. 1884–1888.

SCHÜSSLER, Heinrich, Frankfurts Türme und Tore. Frankfurt a. M. 1951.

Stamm, Otto, Zur karolingischen Königspfalz in Frankfurt am Main. Frankfurt a. M. 1955.

–, Der königliche Saalhof zu Frankfurt am Main. Frankfurt a. M. 1966.

Trauergesang und Biographie des Brückenthurms. Frankfurt a. M. 1801.

Westerburg, Albert, Über die rechtliche Natur der Frankfurter sogenannten Wallservitut. Frankfurt a. M. 1887.

Wolff, Carl und Jung, Rudolf, Die Baudenkmäler in Frankfurt am Main. Zweiter Band: Weltliche Bauten. Frankfurt a. M. 1898.